Só para Você...

Construir um Novo Caminho

Só para você... Construir um novo caminho

1-11-13-3.000

Direção editorial: **Flávio Machado**
Assistente editorial: **Larissa Wostog Ono**
Capa, projeto gráfico e editoração: **Estúdio Design do Livro**
Imagens da capa: **losw | Shutterstock**
Produtor gráfico: **Vitor Alcalde L. Machado**
Preparação: **Isabel Ferrazoli**
Revisão: **Maria Aiko Nishijima**
Impressão: **HR Gráfica e Editora**

Dados Internacionais de Catalogação na Publicação (CIP)
(Câmara Brasileira do Livro, SP, Brasil)

Só para você... construir um novo caminho / [por Espíritos Diversos] ; psicografado por Gilvanize Balbino Pereira. – 1. ed. – São Paulo : Petit, 2013.

ISBN 978-85-7253-245-7

1. Espiritismo 2. Médiuns 3. Mensagens 4. Psicografia I. Espíritos Diversos II. Pereira, Gilvanize Balbino.

13-12587 CDD: 133.93

Índices para catálogo sistemático:
1. Mensagens psicografadas : Espiritismo 133.93

Impresso no Brasil, na primavera de 2013.

Prezado(a) leitor(a),

Caso encontre neste livro alguma parte que acredita que vai interessar ou mesmo ajudar outras pessoas e decida distribuí-la por meio da internet ou outro meio, nunca deixe de mencionar a fonte, pois assim estará preservando os direitos do autor e, consequentemente, contribuindo para uma ótima divulgação do livro.

Só para Você...

Construir um Novo Caminho

Mensagens psicografadas pela médium

Gilvanize Balbino Pereira

petit

Rua Atuaí, 389 – Vila Esperança/Penha
CEP 03646-000 – São Paulo – SP
Fone: (0xx11) 2684-6000

www.petit.com.br | petit@petit.com.br

CONFORME NOVO ACORDO ORTOGRÁFICO

Mensagens da Colônia de Jade pelos Espíritos*

DANIEL

FELIPE

FERDINANDO

FREDERICO

JOSUÉ

MACHADINHO

PAULO

SAUL

RAQUEL

TIAGO

TULIO

Psicografadas por

GILVANIZE BALBINO PEREIRA

---

* Jade é uma cidade espiritual socorrista onde habitam filhos de Deus que já se encontram desvencilhados do corpo físico.
Detalhes da Cidade de Jade estão relatados nos livros **Os anjos de Jade** e **Um amanhecer para recomeçar** – ambos ditados pelo Espírito Saul e psicografados por Gilvanize Balbino Pereira.

... *Ilumine a sua mente com os ensinamentos do Divino Amigo Jesus e o seu coração com a justiça e a coragem de um real Filho de Deus, que luta para conquistar a própria transformação...*

Espírito Ferdinando

Gilvanize Balbino Pereira

É natural de São Paulo, onde reside e atua profissionalmente como Administradora de Sistemas de Informação, área na qual se especializou. Descobriu-se médium ainda na pré-adolescência e destina grande parte do seu tempo à divulgação do Espiritismo, sua crença de fé. É presidente do Núcleo Espírita Lar de Henrique, fundado por ela no ano de 1993, onde participa de trabalhos voltados para a assistência espiritual e social. Palestrante e estudiosa das Obras Básicas de Allan Kardec psicografou, entre outros livros, **Os anjos de Jade**, **Um amanhecer para recomeçar**, **Horizonte das cotovias**, **Salmos de redenção**, **Lanternas do tempo**, **Lágrimas do sol**, **Cetros partidos** e **Verdades que o tempo não apaga**, publicados pela Petit Editora, nos quais se destaca a mensagem de renovação da alma pela prática do amor e da caridade.

Sumário

Prefácio

"Tende fé em Deus. Em verdade vos digo, se alguém disser a esta montanha: ergue-te e lança-te ao mar, e não duvidar no coração, mas crer que o que diz se realiza, assim acontecerá. Por isso vos digo: tudo quanto suplicardes e pedirdes creia que recebestes, e assim será para vós. E quando estiverdes orando, se tiverdes alguma coisa contra alguém, perdoai-lhes, para que também o vosso Pai que está nos céus vos perdoe as vossas ofensas."*

Amigos, retornar ao chão é uma alegria que não posso prescindir.

Envolvidos pela luz da fé em Jesus e atendendo às diversas solicitações do mundo físico, inclusive de altas esferas, para contribuirmos com reflexões que possam apoiar a difícil tarefa de promover a reforma interior, aqui estamos.

Diante de uma sociedade em constante processo de transformação, ninguém está alheio aos desafios que envolvem seu coração e, sobretudo, a fortaleza da fé.

---

* Marcos, 4, 22:26. (Nota do Autor Espiritual)

Atendendo a esses pedidos, unidos em nome do Cristianismo redentor, eu e amigos de muitas vidas, os quais são para mim a confirmação do amor celestial, coragem e irmandade em Cristo, selecionamos temas atuais, os quais lhes oferecemos nestas linhas simples.

Muitos filhos de Deus todos os dias buscam se refazer para suportar suas dores íntimas, algumas delas fruto da má escolha e do livre-arbítrio, o que poderá marcar vidas e alterar os rumos levando-os a profundos sofrimentos.

Sem pretensões de ditar um manual de conduta ou identificar o certo ou errado, deixo em suas mãos, amigo leitor, esta fonte "orientativa" para que possa encontrar em seu foro íntimo forças para refletir sobre seu momento de dor, encontrar meios para mudar de posição e encontrar o caminho da própria liberdade.

Entretanto, não é lícito apenas alimentar a inteligência, é importante colocar em prática o aprendizado por meio do crescimento pessoal nas estradas do bem ao próximo. É importante lembrar que:

- só você é capaz de transformar as sombras em luz;
- só você poderá fortificar seu coração;
- só você amará sobre os pilares do Senhor, sem a nódoa do ciúme doentio ou do apego excessivo;
- só você encontrará coragem para entender o momento de provação e entregar a Deus sua vida;
- só você seguirá o caminho da fé racional encontrando na instrução da mente a claridade, mas em suas mãos o trabalho;
- só você entenderá que o amor é fácil, mas o aperfeiçoamento do bom convívio chama-se paciência e respeito;

- só você aceitará que o amor não é sinônimo de desejo, mas sim renúncia, sacrifício e oferecimento de si mesmo para que o amor se estabeleça e resplandeça;
- só você identificará em cada um que divide seus dias um professor diferente que o ensina simplesmente a compreender e seguir adiante;
- só você encontrará no Senhor forças nos momentos em que a dúvida sobre seu amor lhe aparecer diante de seus olhos sem pedir licença;
- só você compreenderá que a lágrima anuncia sempre um novo amanhecer; assim como a dor regenera, a palavra no bem eleva e constrói, e a fé é a ponte de esperança, que une seu coração ao Mestre Eterno;
- só você, diante dos momentos, aqueles muito próprios, permitirá que o Senhor atue sobre sua vida e, sobretudo, entenderá que o amor de Deus o colocará em pé sobre pilares de sua justiça, pois sem a luz de Jesus nada somos, mas ungidos por Seu amor encontraremos certamente a vitória.

Espírito Ferdinando
São Paulo, 20 de setembro de 2013.

1

Enfrentando as dificuldades

Espírito Josué

Nos roteiros da vida que se apresentam, por vezes difíceis, devemos lembrar:

- serenidade, para que os pensamentos sigam as estradas do coração;
- amor, para que os sentimentos não se confundam com o ódio;
- perdão, para que as sombras não estabeleçam morada em nosso coração;
- coragem, para que nossas lutas não sejam em vão;
- fé, para que Jesus sempre possa acompanhar nossa vida.

Dificuldades são desafios temporários que o Senhor permite em nossos caminhos para que tenhamos sempre a certeza de que tudo é passageiro, menos o amor, o auxílio e a misericórdia que vêm do Alto.

2

Súplicas e transformações

Espírito Tiago

Não vale:

- sofrer sem entendimento;
- orar sem trabalho;
- suplicar sem transformar;
- reclamar sem orar;
- crer sem razão;
- querer sem poder.

Assim é o homem no chão, enquanto sua temporária estada no corpo físico.

Quando o primeiro obstáculo surge, como disciplinador de nossos passos, o espírito encarnado passa seus dias em estado de reclamação, perdendo horas entre as aflições e as agonias.

Resignemo-nos, para que o sofrimento de agora seja a contribuição para a transformação de nossa vida.

Tenhamos fé e sigamos adiante, orando sempre, para que o Senhor possa estar junto ao nosso coração.

3

Recomeçar

Espírito Saul

Não permita que dores alheias o impeçam de caminhar. Você pode auxiliar o próximo cuidando primeiramente de você.

Não queira um novo amor sem antes limpar o coração. O novo somente chega quando o passado se fecha e dá lugar ao presente.

Não permita que as lágrimas o impeçam de ver com fé o amanhã. O hoje o presenteia com um novo recomeçar, e recomeçar significa apenas viver.

4

Permita

Espírito Raquel

Não permita que os dias sejam pesados demais.

Não permita que a noite seja escura demais.

Não permita que os pesadelos durem demais.

Não permita que a tristeza machuque demais.

Não permita que a solidão seja demais.

Permita apenas que Jesus toque seu coração e lhe traga a paz dos dias que estão chegando.

Então, simplesmente permita...

5

Nem sempre só

Espírito Machadinho

Não devemos duvidar que sempre estamos acompanhados:

- na lágrima, Jesus é o lenço que instrui e eleva;
- na dor, Jesus é o remédio que cura continuamente;
- na agonia, Jesus é a liberdade para nossa consciência atormentada;
- na morte, Jesus é o caminho para a vida eterna.

Assim, nem sempre estaremos sós.

Quando iniciarmos reclamações a pretexto de solidão, lembremos que, no invisível, Jesus vai à frente e que nossos desejos vão sempre para Deus, se não desistirmos de lutar.

6

Bem-aventuradas as lágrimas

Espírito Ferdinando

Não se desespere, lágrimas podem se transformar em diamantes.

Não duvide, lágrimas podem se transformar em fé.

Não se entristeça pelo limite do pranto, lágrimas podem se transformar em trabalho.

Portanto, lágrimas são bem-aventuradas porque são professoras que sempre ensinam a esperança, a fé e sobretudo a caridade.

7

Lenços do invisível

ESPÍRITO RAQUEL

Não desista, tolere um tanto mais. Nada poderá vencer o coração de quem está com Jesus.

Não chore, resista. Nenhuma tristeza poderá ser tão grande para retirar seu sorriso.

Não pare, lute um pouco mais. Nenhuma batalha com Jesus poderá ser vencida pelo mal.

Não critique nem julgue os outros, compreenda. Os nossos semelhantes também necessitam vencer os próprios desafios interiores.

Não condene, siga. Quem fere também está ferido diante de Deus.

Não duvide, creia. Jesus não duvida de nenhum filho de Deus que esteja temporariamente longe de sua verdade.

Não se desespere, levante-se. A provação de agora é luz para o amanhã.

Não entre em agonia, espere. Todo problema de hoje, dito sem solução, é a escola que aprimora o espírito.

Seja qual for o motivo ou, por quem for, não se esqueça de que no carro que impulsiona a vida sempre quem vai na direção é Deus, portanto, para quem crê, ora e vigia jamais haverá sofrimento sem aprendizado. Haverá sempre a mão do Senhor indicando o rumo certo, o destino limpo chamado viver.

8

Paciência e luta

ESPÍRITO TIAGO

Não lute contra o tempo. Somente o tempo corrige as faltas e oferece nova oportunidade de recomeço.

Não lute contra a dor. A dor de hoje sempre nos ilumina se soubermos sofrer.

Não se revolte contra os obstáculos. Trabalhe confiante.

Não lute contra você, ainda que o maior inimigo neste momento seja você mesmo, porque Jesus sempre reconhece seus erros e oferta Sua mão sem pedir nada em troca.

9

Reservas de amor

Espírito Felipe

Toda vez que abaixamos a cabeça em virtude dos problemas que rodeiam nossa vida, transformamo-nos em reservatório de fel, dor e sombras.

No amigo que temporariamente não entende nossos desafios de crescimento está a melhor escola para perdoarmos sem rancor.

No esposo deitado sobre a agonia do vício está o melhor amigo que ensina tolerância e fé.

No desemprego que assombra está o tempo para refletirmos sobre o melhor caminho para seguir e encontrar, na fé racional, Deus.

No amor desfeito está o melhor momento para recomeçarmos a amar com desapego e esperança.

Na dúvida diante dos obstáculos do caminho está a mão do Senhor, conduzindo-nos ao rumo certo que direciona aos Céus.

Na solidão do trabalho missionário está o Senhor confiando em seus grandiosos soldados.

Em tudo que consideramos reservatórios de sombras, não devemos esquecer que sempre a luz de Deus se fará presente, mesmo quando fechamos as portas do nosso coração, pois o Senhor reconhece em nós a origem perfeita, criação pura, simplesmente filhos de Deus, reservas plenas de amor.

10

Palavras

Espírito Paulo

Palavras são:

- poesia, quando trazem verdade e despretensão;
- trabalho, quando trazem Jesus na pauta;
- luz, quando trazem a real claridade da sabedoria e a paz do ensinamento.

Palavras são preces e, no silêncio, eternos cânticos de esperança, porque somente o silêncio nos traduz o amor de Deus.

11

Vigilância

Espíritos Tiago e Ferdinando

Não espere somente Deus agir em seu favor. Na base da vida, cada um ocupa seu lugar para uma construção em nome do Criador.

Não espere que a vida, por si, resolva todos os problemas. Cada um ocupa, diante de Deus, responsabilidades intransferíveis, que serão vistas na ordem celestial.

Não espere que o tempo seja o único responsável para definir o futuro. O presente é a grande oportunidade para fazer a felicidade ser uma realidade amanhã.

Não espere que os outros sejam aquilo que você espera. Cada um cresce no momento certo.

Não espere que a lágrima seque sozinha. Você é sempre capaz de sorrir.

Nas estradas do mundo é importante crer em Deus, agir com razão e estar sempre atento para perceber que dentro de cada um de nós há uma força justa, chamada boa vontade e vigilância, que impulsiona sempre os filhos de Deus em direção aos Céus.

12

Medo

Espírito Felipe

Não tenha medo:

- depois da noite, chega o dia;
- depois da tristeza, a alegria;
- depois da dúvida, a certeza;
- depois do medo, a esperança.

Por mais difícil que seja o momento, não tema.
Recomeçar sempre será a lei de nossa vida.

13

Não corra

Espírito Paulo

Paciência!

Hoje sombra e dor, amanhã luz e saúde.

Hoje solidão e desalento, amanhã trabalho e felicidade.

Hoje agonia e dor, amanhã liberdade e paz.

Somente a paciência para fazer brilhar as verdades dos Céus, portanto, confie e siga porque, com paciência, se conquista os Céus.

14

Mestre Jesus

Espírito Ferdinando

Jesus sempre foi e sempre será o Emissário do Bem em nossa vida.

Se alguém o feriu, espere um pouco mais, pois esse alguém também pode atravessar os momentos de dificuldade iguais àqueles que um dia você atravessou.

Se o amigo fiel culpou-o e partiu, não julgue. Continue com a máquina nos trilhos, pois as estações estão cheias de filhos de Deus, aguardando sua chegada.

Se a união turvou-se e os sonhos ficaram nos reservatórios do coração, não lamente, o lema é sempre recomeçar.

Se a escolha foi errada, não se desespere, sempre surgirá uma nova oportunidade.

Se alguém o calou, não lute, o silêncio é uma forma de oração.

Se alguém maldiz seus feitos, não chore, pois o crítico é aquele que corrige e indica a perfeição, a fé em Jesus.

Seja o que for, aconteça o que acontecer, o Senhor Jesus será sempre a paz e o professor de nossa vida dizendo: "Eu nunca te deixarei, jamais te abandonarei".*

---

* Paulo, Hebreus, 13:5. (N. A. E.)

15

Página de luz

Espírito Machadinho

Não há nada que não possa ser luz:

- a doença fere, mas educa;
- a dor machuca, mas oferece paciência;
- a dúvida chega, mas a fé é forte;
- a mágoa oferece oportunidade para o perdão.

A certeza de Deus está em nosso coração, firmando em nós o talento do Senhor, chamado vida.

16

Esperança e desafio

Espírito Paulo

Nos desafios da vida, jamais duvide do amor de Deus. Se a morte é emissária de tristeza, lembre-se de que ela é a porta de nova vida.

Na forte dor da separação, não desanime, pois toda hora é hora de amar na condição de limite, por isso, não se canse, trabalhe confiando que tudo sempre se resolve para melhor.

Na doença temerária, não rompa com Deus, pois a fé é o remédio e a oração é a cura.

No trabalho malfeito, pare, pense, pense novamente, mas por Deus não pare e faça sempre seu melhor.

A vida é construída de tijolos de desafios; por isso, nada nem ninguém atravessa a vida sem eles. Assim sendo, cabe a nós construirmos com esses tijolos ou destruirmos as construções de nossa alma em virtude de medos sem fundamentos.

Mas, como Jesus espera por nós, por agora basta que nos levantemos confiantes, perdoemos sem desconfiança e trabalhemos porque nossa alma busca principalmente a liberdade.

17

Com Jesus

Espírito Daniel

Não tenha medo de viver.

Viver também significa voltar a experimentar as dores de um passado que solicita regeneração.

Com Jesus, sempre.

Com Jesus, encontramos o caminho iluminado de nossa própria redenção.

18

Coragem

Espírito Paulo

Não desista. Siga mais um tanto, pois a estrada é curta, é somente uma vida.

Não interrompa o sentimento. Perdoe e confie, porque ninguém vive só, a vida é eterna.

Não morra ainda estando vivo em virtude de problemas. Levante-se e anime-se diante de qualquer sofrimento, afinal, sempre vem uma existência depois da outra.

Não chore. Sorria com branda alegria, afinal, sorriso também faz parte da sua face.

Não pare. Quem para chorando, lamentando magoado, é tal qual vibração turva que, ao sinal de vida, morre antes mesmo de nascer; portanto, viva confiante que, sempre além da dor, há a luz do Sol raiando firme, iluminando a fé que habita em seu coração.

19

Paciência

Espírito Ferdinando

Paciência para:

- a dor se transformar em luz;
- a alegria sedimentar a esperança;
- a partida aguardar o reencontro;
- a dúvida chegar à verdade;
- a coragem para nos ajudar a seguir.

Mesmo que o tempo esteja frio e distante, confie e siga, lute e transforme, pois o Senhor é por nós e nós sempre seremos pelo Senhor; sem desistências ou dúvidas, seremos sempre a luz do Senhor.

20

Tempo

ESPÍRITO PAULO

Sempre há tempo para:

- recomeçar e seguir;
- viver e amar;
- ter fé e confiar;
- acreditar com razão.

Sempre devemos saber que ele, o tempo, é um grande patrimônio que recebemos de Deus quando nascemos.

Portanto, é momento de olharmos, modificarmos e agirmos sobre o tempo de nossa vida e o que fizemos com ele.

21

Buscar

Espírito Tiago

Senhor Jesus!

Em todos e em tudo nos encontramos com os obstáculos do mundo, porém, o Senhor sempre é presente.

Não suplicamos por nós, mas:

- pelo Universo, que luta pela paz;
- pelas mães em desalento, que choram por seus filhos e silenciaram através da luz do túmulo;
- pela natureza, que também é filha de Deus;
- pelos religiosos, para que se unam por uma única causa, chamada amor;
- pelas famílias, para que sejam uma só, a família universal;
- pelas nossas dores, e que não durem mais que o suficiente para aprendermos a ter coragem.

Senhor, não suplicamos por nós, mas que abençoe a todos sem distinção porque na vida tudo é brisa e passa, mas a Sua sabedoria é eternidade. Mesmo que a tentem ruir, jamais será destruída, porque sempre o Senhor será o alicerce de nossa vida.

22

Cristão

Espírito Ferdinando
(nas palavras traduzidas de Henrique)

Todos os iniciantes das escolas espíritas do mundo perguntam: qual é o objetivo do cristão na Terra?

Resumidamente, segue a resposta à sentença.

O cristão deve:

- ser calmo para ouvir a razão com equilíbrio;
- ter amor a Deus, sem ser fanático;
- reconhecer a cruz e o Cristo como "caminho, verdade e vida";
- seguir com fé, mesmo que o mundo o chame para o cárcere das paixões;
- transformar o passado em tijolos operantes no bem;
- destruir as barreiras que impedem o amor e saber que ninguém segue sozinho, Jesus sempre oferece uma nova oportunidade para recomeçar;
- saber que, além dos apegos terrenos, o cristão não se omite da fé e coloca-se sempre pronto a servir, consciente de que é melhor servir do que ser servido.

Nas escolas da vida, bem-aventurado é aquele que se reconhece cristão, sem fantasias, mas com a verdade do início do movimento do "Caminho", com a força apostolar na alma e, sobretudo, com Jesus eternamente no coração.

23

Fé

Espírito Saul

Jamais devemos ter fé sem razão:

- na dor, orar para que ela cumpra sua missão: nos elevar a Deus;
- na saudade, orar para que aprendamos a viver lado a lado com esperança;
- no sofrimento, jamais perguntar se ele passará, mas, sim, se há cura para nossa enfermidade.

Em todos os momentos de nossa vida, a fé é o sustentáculo e o caminho que sempre nos conduzirá a Deus; portanto, continuar é a lei, e aprender, com fé e razão, é a libertação de nosso coração para construir um mundo melhor.

24

Amor

Espírito Tiago

Hoje a humanidade depara com o "mal amar".

São homens buscando a carne em sentimentos vazios, em cárceres da alma.

São mulheres que, em círculos vaidosos, esquecem a doce tarefa da família em renúncias e amor.

São jovens que derramam seus sonhos às paixões que marcam, pesam e ulceram uma existência, ou até a eternidade.

Assim é o homem diante do "falso amor".

Amor é luz, renúncia e misericórdia.

Amor é tolerância, suportar diferenças.

Amor é desafio na bênção iluminada de um alvorecer.

Amor é divino convívio, escola de luz, parcela de Deus.

Amor é saber que Deus é por nós, é não nos esquecermos de perseverar mais além e é ter paciência de esperar os desígnios de Deus nas estradas de nossas existências.

25

Desistência

ESPÍRITO FERDINANDO

Não desista:

- mesmo que o fardo seja pesado;
- mesmo que as sombras assustem;
- mesmo que o medo convide;
- mesmo que a dor machuque;
- mesmo que a tristeza magoe;
- mesmo que a vida pareça incerta.

Não desista. O amor em união vence as fronteiras e resguarda aqueles que estão na Terra em sofrimento, pois o amor prevalece, e a mentira, jamais.

26

Respeito

Espírito Tiago

Para nos dizermos cristãos por escolha sagrada, lembremos que o respeito é o alicerce da vida.

Não maldiga aquele que o humilha, pois ele pode ser alguém que participou das melhores alegrias de sua vida.

Não queira mal a alguém, pois o coração é o reservatório de luz e não de trevas.

Não busque o sofrimento pelo amor-paixão; amor é paz e não destruição.

Não perca tempo com as coisas passageiras da vida, nunca pare de aprender com Jesus as lições dos Céus.

Em qualquer situação em que a provação ou o sofrimento se aproximam, lembre-se de que respeito e silêncio continuam sendo o alicerce da paz.

27

Solidão

Espírito Ferdinando

Ninguém vive só.

Jesus é a estrada que nos conduz aos Céus, mesmo quando nosso coração parece temporariamente vencido.

Jesus é o consolo quando acreditamos, mesmo sem ninguém.

Por fim, Jesus é a razão pela qual reencarnamos.

28

Temores

Espírito Raquel

Quando a tristeza chegar trazendo amargor e fel, olhe para os Céus sem medo do amanhã.

Quando o ódio chegar trazendo a desilusão, olhe para a frente sem medo de amar mais uma vez.

Quando a dor chegar trazendo a sombra da ingratidão, olhe para a vida sem medo de viver a paz de um novo dia.

Quando a dúvida chegar trazendo o véu do desespero, olhe para aqueles que vivem sozinhos sem nada e sem ninguém.

Quando a solidão chegar, lembre-se de Jesus, pois o Senhor sempre está conosco oferecendo Seu coração em luz.

29

Recordações

ESPÍRITO FREDERICO

Por mais que os dias sejam sofridos, recorde-se sempre:

- ontem melodia, hoje lágrimas e amanhã luta;
- ontem lágrimas, hoje melodias e amanhã vitória;
- ontem dúvida, hoje certeza e amanhã luz;
- ontem fé, hoje razão e amanhã plenitude.

Sem nos ausentarmos do Senhor, devemos recordar sempre que entre o ontem, o hoje e o amanhã somos nós, filhos de Deus, que grafamos nossas histórias com as tintas do amor.

30

Estações de paz e libertação

Espírito Tiago

A fim de nos levantarmos da estagnação, sejamos fortes e sigamos:

- auxiliando a humanidade para vivermos a paz;
- amando sem distinção, mesmo que o mundo se revolte contra nossos ideais de luz;
- guiando diante da violência sombria que abraça a Terra para que o poder do amor seja uma verdade em nossa consciência;
- aguardando a transformação daqueles corações que vivem distantes dos conceitos nobres do Evangelho, fazendo do trabalho iluminado a fonte viva da regeneração;
- vencendo as incompreensões pela fé em Jesus e pela oração que renova;
- lutando para que os impedimentos do cotidiano não interrompam a trajetória que conduz ao Senhor, mesmo que ela seja solitária;
- perdoando aqueles que nos abandonam, respeitando a necessidade de cada criatura viver outras experiências, mesmo que diante dos nossos olhos pareçam diferentes e desconhecidas;
- livrando-nos dos falatórios vazios que destroem afeições, evitando intrigas ou ódios sem motivos;
- procurando a imunidade no serviço coletivo, que perpetua a esperança nas almas irmãs nos dias de absoluta provação.

Na atualidade, em que o homem busca a figura amada de Jesus expressando Seus nobres e eternos conceitos evolutivos de amadurecimento individual, devemos ter consciência de que a vida é a plataforma elucidativa que encaminha todos ao coração de Deus.

Desde antes da manjedoura até os dias de hoje, indubitavelmente o Senhor é por nós. Confiemos e sigamos para encontrar as estações da paz e da libertação da nossa alma como eternos e amados filhos de Deus.

31

Pela paz

Espírito Raquel

Nós espíritos, em constante estado de transformação, rogamos:

- luz, àqueles que ferem nossa vida;
- perseverança, no trato frio com aqueles que se afastam de Deus;
- coragem, para ter nas mãos a certeza de que estamos longe dos Céus, mas seguindo em direção à luz, levando conosco Jesus vivo em nosso coração.

32

Vitória

Espírito Paulo

Não desanime. Desânimo é derrota certa.

Não julgue aquele que o ofendeu. Ele também pode ser um doente necessitando de auxílio.

Não jogue sobre os outros as responsabilidades que eles ainda não podem suportar. Assuma o fardo que lhe pertence, siga com Jesus confiante e não tema.

Não perca tempo falando dos outros. Seu tempo é precioso, portanto, por agora, aproveite-o estudando.

Não levante calúnia contra ninguém. A mesma língua que fere é a mesma que pode ser ferida.

Não desista da vida. Lembre-se: ela é nossa oportunidade de evolução.

Não chore sem razão. Enquanto o choro é seu companheiro, seu rosto será triste, pois não há espaço para um sorriso.

Não duvide de Deus. Hoje é o momento para encontrar o caminho da fé, e ele, o caminho, está bem sob seus pés.

Não odeie. Ódio é ferrugem no coração.

Não permita que o pessimismo se aproxime. Pessimismo é dissabor de quem ainda está longe do otimismo chamado Deus.

Seja o que for, seja quem for seu infortúnio, lembre-se sempre de que quem segue com fé, esperança e coragem na alma, trabalhando confiante em Jesus e com Jesus, jamais sentirá o sabor da derrota, porque quem vive saberá sempre o que é vitória. Vitória eterna de um dia poder renascer para a Terra ou para a vida eterna, sempre buscando dentro da própria alma a vontade de ser melhor e vencer em nome de Deus.

33

Mensagem de paz

ESPÍRITO TIAGO

Senhor, buscando a eterna paz, reconhecemos:

- Sua luz, pois sem ela não há vitória;
- Seu amor, mesmo quando queremos muito mais do que merecemos;
- Sua misericórdia, mesmo quando nosso amor está adormecido;
- Sua grandiosidade, lutando contra a pequenez de nossos pensamentos.

Portanto, Jesus, esteja eternamente conosco, mantendo sempre sobre nós a luz de sábia paz.

34

A cada dia

Espírito Tiago

Somente a paciência nos engrandece a alma:

- antes de maldizer o atraso do coletivo, medite que o atraso pode ser a salvação de sua vida, evitando-lhe acidentes;
- antes de reclamar da falta do alimento na prateleira, medite que todo o excesso pode lhe trazer desequlíbrio à saúde;
- antes de gritar de cólera com o companheiro apressado no trânsito, deixe-o passar, pois ele também carrega seus desesperos;
- antes de chorar sem motivo, busque o trabalho, remédio que cura as chagas da inércia.

Antes de desistir de Deus, medite no quanto o Senhor ouviu suas preces sem pedir nada em troca, a não ser a sua felicidade.

35

Só um ponto de amor

Espírito Ferdinando

Precisamos compreender que o amor não se inicia pela grandiosa construção sobre as areias.

O amor puro inicia-se com um ponto, em sequência, com uma palavra, com um gesto e, sobretudo, com a construção divina que o grandioso arquiteto Jesus projetou, que é a vida, sustentada sobre os alicerces do Seu próprio amor.

36

Caminho e esperança

ESPÍRITO TULIO

Tudo passa...
como os pássaros que voam até o céu.
Tudo passa...
mesmo a dor dos dias daqueles que caminham sós pelas estradas.
Tudo passa...
quando oramos em tempo de sofrimento.
Não passam...
o amor de todos os dias;
o caminho e a esperança que fortalece;
as mudanças naturais das estradas;
a alegria de ser Cristão;
a força que temos quando somos filhos de Deus;
a segurança de crermos em um mundo novo.
Por isso e muito mais, agradecemos a Deus por mais uma existência.

37

Jesus em nós

Espírito Tiago

Não há:

- noite sem brilho;
- sofrimento sem fim;
- dor sem causa;
- amargura sem necessidade de transformação.

Seja qual for a oportunidade experimentada na vida, jamais desista da fé, pois é ela que sustenta os filhos de Deus.

38

Verdadeira luz

Espírito Raquel

Mesmo que as trevas avançaram fronteira, não chore.

Mesmo que a doença tenha chegado sem pedir licença, não chore.

Mesmo que a alucinação pela matéria tenha encantado seus olhos e o fez perder o encanto da vida espiritual, não chore.

Mesmo que aqueles que amava não tenham compreendido seu momento de dúvidas ou incertezas e simplesmente partiram, não chore.

Mesmo que a dúvida o tenha afastado de Deus, não chore.

Não chore, pois Jesus é o consolo, a verdade e a base para aqueles que caminham na Terra em busca da verdadeira luz do nosso Senhor...

39

Nunca sozinho

Espírito Saul

Não duvide de Deus.

Ele, o Senhor, é por nós, e juntos somos filhos de Deus.

Nunca sozinhos, porque temos a força de Deus conosco e, com ela, refletimos Sua paz.

Nunca sozinhos chegaremos à vitória, porque o Senhor é a nova fonte de renovação e, com Ele, somos triunfo.

40

Faça-se em pé

ESPÍRITO FERDINANDO

Todas as vezes em que a luta parecer vencida, desperte sobre as pilastras da esperança e siga em frente sem medo de recomeçar:

- a vitória do cristão está na força operante de servir sempre, sem pedir nada em troca;
- revista-se em luz e permita que ela brilhe;
- na dor, tolere;
- na solidão, ame;
- no desprezo, enfrente;
- no desencanto, sirva;
- na tristeza, espere;
- na dúvida, ore.

Jamais acredite em crescer sem sofrimentos. Feliz é aquele que aprende com o momento da dificuldade, mas não transforma sua vida em dor constante, pois sabe reconhecer o verdadeiro amor de Cristo na expressão de seu amor, permitindo ouvir o canto de Deus pelo sopro fraterno de esperança e luz derramado sobre todos nós.

41

Aceitação

ESPÍRITO SAUL

Mesmo que a dor seja grande;

Mesmo que o dia esteja sem luz;

Mesmo que a doença seja, agora, uma verdade em sua vida;

Mesmo assim, não chore, porque o Senhor sempre ilumina o coração daqueles que suplicam resignados, dando-lhes coragem e paciência para aceitar aquilo que não se pode modificar...

42

Esquecer

Espírito Paulo

Esqueça o passado e siga adiante:

- Se alguém o feriu, esqueça, pois, antes de alguém ferir alguém, feriu-se a si próprio.
- Se alguém o caluniou, esqueça, porque resistir à calúnia nos fortalece.
- Se alguém o abandonou, esqueça, outros necessitam do seu sorriso para continuar.
- Se alguém lhe quer mal, esqueça, outros mais lhe querem bem e o amam em Cristo.

Se a vida parece sombria e solitária, esqueça, porque você é capaz de colorir seus dias e existência com as linhas da esperança usando as cores do arco-íris e as luzes do céu, desde que esqueça o passado e siga em frente.

43

Estrela-Guia

Espírito Ferdinando

Em todas as estradas de nossa vida, sempre aprenderemos a encontrar mais um estímulo em nossos dias.

Ontem, o filho que partiu; hoje, os filhos do mundo suplicando pão.

Ontem, chaga e doença; hoje, saúde e paz no coração.

Ontem, saudade e renúncia; hoje, o encontro de Deus em nossas mãos.

Ontem, coragem e desafios; hoje, Jesus nascendo em nossa consciência, em nosso espírito e em nosso destino.

Seja qual for o instante de agonia, não desista, pois a luz da Estrela-Guia iluminará todos aqueles que lutam, sem desistir da vida.

44

Com doçura

Espírito Raquel

Com brandura, podemos transformar:

- desprezo em coragem;
- lágrimas em sorrisos;
- agonias em paciência;
- tormentas em misericórdia;
- alucinações em transformação;
- sombras em luzes.

Não permita, jamais, que a úlcera de agora transforme sua voz em farpas atormentadas.

Sempre com doçura poderemos anular o mal que vemos e conhecemos e os que não vemos ou desconhecemos.

45

Não chore

ESPÍRITO FERDINANDO

Não olhe para trás; hoje você pode definir o amanhã.

Não se desespere; a luz sempre brilha, mesmo nas trevas.

Não se perca por causa do sofrimento, porque a dor também renova.

Seja qual for o motivo de sua aflição, não se desespere, pois Jesus jamais se ausenta do lado dos filhos de Deus.

46

Sempre passa

Espírito Tiago

Nada poderá ser mais sofrido do que separar-se de Deus:

- acreditar-se sozinho...
- viver sem coragem...
- afastar-se da prece...
- conquistar sem lutar...
- ferir a si mesmo...
- magoar sem temer...
- não perdoar o hoje, tentando viver o amanhã...

Assim, o sofrimento nada mais é do que lições que aprendemos ontem e que se reajustam hoje na certeza de que poderemos modificar nossa vida em qualquer circunstância. Podemos aguardar, pois todo sofrimento é tal qual o vento... Sopra, destrói, porém sempre passa...

47

Liberdade e compreensão

Espírito Ferdinando

"Conhecereis a verdade e a verdade vos libertará."*

Ninguém está alheio aos acontecimentos da vida. Lembre-se de que toda amargura e aflição de hoje será luz e renovação amanhã:

- Não espere crescer sem sofrimento. A lágrima que obscurece sua visão agora, amanhã elucida e concede triunfo às causas ditas sem solução.
- Não espere compreender as leis de Deus de pronto. Compreensão é produto do tempo e, como filhos do tempo, devemos esperar trabalhando sempre com Jesus.
- Não espere caminhar em estradas perfeitas. Erros e acertos são frutos do discernimento, e discernimento é raciocínio operante com Deus.
- Não espere que Jesus fale a sua língua ou aquilo que agrade somente ao seu coração. Lembre-se de que o Mestre ensinou a todos, porém nem todos foram capazes de compreender Sua mensagem e O levaram à cruz.
- Não espere viver a vida sem chagas. Lembre-se de que Jesus recebeu dos homens sete chagas e a morte e continuou sempre perdoando e amando as faltas de tantos.
- Não espere... Faça.
- Não espere... Trabalhe.
- Não espere... Confie.

Em qualquer circunstância lembre-se de que você não precisa suplicar a Deus ou ao mundo invisível algo a seu favor, pois quem o ama já está agindo, sempre, a seu favor.

---

* João: 8:32. (N. A. E.)

48

Diante do sofrimento...

Espírito Saul

Mesmo sem coragem, que Jesus nos abençoe...

Mesmo sem esperança, que Jesus nos acolha...

Mesmo sem rumo, que Jesus nos guie...

Mesmo sem saúde, que Jesus nos oriente...

Mas jamais sem Jesus, porque Ele é o hálito e a sustentação de nossos dias...

49

Direções e encontros

Espírito Ferdinando

Em todas as direções, Jesus é o nosso objetivo:

- encontrando a fome, o Senhor é o alimento da fé;
- encontrando a solidão, o Senhor é a companhia e a esperança;
- encontrando a amargura, o Senhor seca as lágrimas com Seu manto;
- encontrando a doença, o Senhor é o remédio e o tempo da cura;
- encontrando a dúvida, o Senhor é o acalento da sabedoria.

Em todas as direções, o Senhor é o objetivo. Deixemos de chorar em vão e, por um só momento, façamos a vida brilhar em nosso espírito.

50

Vontade

ESPÍRITO SAUL

Não se considere incapaz de fazer o bem.

Hoje você possui:

- condições de servir e ser feliz;
- saúde para não parar;
- lucidez para educar.

Você possui todas as ferramentas para transformar, portanto, não reclame; sirva e agradeça por estar hoje na condição de servir e não de ser servido.

51

Linhas de direção

Espírito Ferdinando

Não permita que as dores de ontem retirem de seu coração a fé...

Perdoe com esquecimento aqueles que feriram sua alma...

Tenha coragem para amar novamente sem medo de machucar-se, pois a dor de ontem é a renovação de agora...

Deixe-se ser filho de Deus consciente de que os erros são aprendizados necessários para a evolução do espírito...

Persista, pois todo aquele que luta com a espada da fé será banhado pela vitória da vida...

52

Confiar

Espírito Saul

Confie nas oportunidades da vida e siga:

- mesmo que a tristeza chegue, não se desespere, pois tudo passa;
- mesmo que a dificuldade seja uma verdade, maior é a verdade de Deus.

Mesmo que a dúvida chegue, não se esqueça de viver, porque Jesus sempre estará ao seu lado, segurando sua mão.

53

Acalento

Espírito Paulo

Não há:

- dor que não passe;
- frio que não tenha cobertura;
- noite sem estrela;
- dia sem sol;
- solidão sem companhia;
- fome sem acalento;
- dor sem remédio;
- luta sem vitória.

Quando estamos com Jesus, tudo passa, menos o amor que vem de Deus ao coração dos filhos que vivem em sofrimento.

54

Paciência

ESPÍRITO SAUL

Com Jesus tudo é possível, portanto, paciência quando:

- o filho se foi sem despedida;
- o esposo encontrou morada em outro coração;
- estiver diante da dificuldade de gerar um filho;
- a vida se faz difícil.

Paciência, pois aqueles que honram suas obrigações terão um dia a recompensa da luz de seu esforço.

55

Agradecer

Espírito Raquel

De mãos postas agradeçamos:

- o pão que falta;
- o amor em conflito;
- a mágoa em alerta;
- a dor com justiça;
- a lágrima que renova;
- a dúvida que nos ensina buscar.

Por tudo o que julgamos desesperos agradeçamos ao Senhor, que será a verdade de nossa transformação e o caminho que modifica nossa vida.

Contatos com a autora
Gilvanize Balbino Pereira,
escreva para:

soparavoce.mensagens@gmail.com